卷九　萬章章句上

萬章問曰：『舜往于田，號泣于旻天。何爲其號泣也？』孟子曰：『怨慕也。』萬章曰：『「父母愛之，喜而不忘；父母惡之，勞而不怨。」然則舜怨乎？』曰：『長息問于公明高曰：「舜往于田，則吾既得聞命矣。號泣于旻天，于父母，則吾不知也。」公明高曰：「是非爾所知也。」夫公明高以孝子之心爲不若是恝。我竭力耕田，共爲子職而已矣。父母之不我愛，于我何哉？帝使其子九男二女，百官牛羊倉廩備，以事舜于畎畝之中，天下之士多就之者，帝將胥天下而遷之焉。爲不順于父母，如窮人無所歸。天

下之士悦之，人之所欲也，而不足以解憂；好色，人之所欲，妻帝之二女，而不足以解憂；富，人之所欲，富有天下，而不足以解憂；貴，人之所欲，貴爲天子，而不足以解憂。人悦之、好色、富、貴，無足以解憂者，惟順于父母可以解憂。人少則慕父母，知好色則慕少艾，有妻子則慕妻子，仕則慕君，不得于君則熱中。大孝，終身慕父母。五十而慕者，予于大舜見之矣。』

萬章問曰：『《詩》云，「娶妻如之何？必告父母」。信斯言也，宜莫如舜。舜之不告而娶，何也？』孟子曰：『告則不得娶。男女居室，人之大倫也。如告，則廢人之大倫以懟父母，是以不告而娶也。』萬章曰：『舜之不告而娶，

則吾既得聞命矣。帝之妻舜而不告，何也？』曰：『帝亦知告焉則不得妻也。』萬章曰：『父母使舜完廩，捐階，瞽瞍焚廩。使浚井，出，從而揜之。象曰：「謨蓋都君咸我績。牛羊，父母。倉廩，父母。干戈，朕。琴，朕。弤，朕。二嫂，使治朕棲。」象往入舜宮，舜在床琴。象曰：「鬱陶思君爾。」忸怩。舜曰：「惟茲臣庶，汝其于予治。」不識舜不知象之將殺己與？』曰：『奚而不知也？象憂亦憂，象喜亦喜。』曰：『然則舜僞喜者與？』曰：『否。昔者有饋生魚于鄭子產，子產使校人畜之池。校人烹之，反命曰：「始舍之，圉圉焉；少則洋洋焉，攸然而逝。」子產曰：「得其所哉！得其所哉！」校人出，曰：「孰謂子產智？予既烹而食之，曰：得其所哉！得其所哉！」故君子可欺以其方，難罔以非其道。彼以愛兄之道來，故誠信而喜之，奚僞焉？』

萬章問曰：『象日以殺舜爲事，立爲天子則放之，何也？』孟子曰：『封之也。或曰「放焉」。』萬章曰：『舜流共工于幽州，放驩兜于崇山，殺三苗于三危，殛鯀于羽山：四罪而天下咸服，誅不仁也。象至不仁，封之有庳。有庳之人奚罪焉？仁人固如是乎？在他人則誅之，在弟則封之？』曰：『仁人之于弟也，不藏怒焉，不宿怨焉，親愛之而已矣。親之，欲其貴也；愛之，欲其富也。封之有庳，富貴之也。身爲天子，弟爲匹夫，可謂親愛之乎？』敢問「或曰放」者，何謂也？』曰：『象不得有爲于其國，天子使吏治其國而納其貢税焉，故謂之「放」。豈得暴彼民哉？雖然，欲常常而見之，故源源而來，「不及貢，以政接于有庳」。此之謂也。』

咸丘蒙問曰：『語云：盛德之士，君不得而臣，父不得而子。舜南面而立，堯帥諸侯北面而朝之，瞽瞍亦北面而朝之。舜見瞽瞍，其容有蹙。孔子曰：「于斯時也，天下殆哉，岌岌乎！」不識此語誠然乎哉？』孟子曰：『否。此非君子之言，齊東野人之語也。堯老而舜攝也。《堯典》曰：「二十有八載，放勳乃徂落，百姓如喪考妣。三年，四海遏密八音。」孔子曰：「天無二日，民無二王。」舜既爲天子矣，又帥天下諸侯以爲堯三年喪，是二天子矣。』咸丘蒙曰：『舜之不臣堯，則吾既得聞命矣。《詩》云：「普天之下，莫非王土。率土之濱，莫非王臣。」而舜既爲天子矣，敢問瞽瞍之非臣，如何？』曰：『是詩也，非是之謂也。勞于王事而不得養父母也。曰：「此莫非王事，我獨賢勞也。」故説詩者不以文害辭，不以辭害志。以意逆志，是爲得之。如以辭而已矣，《雲漢》之詩曰：「周餘黎民，靡有孑遺。」信斯言也，是周無遺民也。孝子之至，莫大乎尊親；尊親之至，莫大乎以天下養。爲天下父，尊之至也。以天下養，養之至也。《詩》曰：「永言孝思，孝思惟則。」此之謂也。《書》曰：「祗載見瞽瞍，夔夔齊栗，瞽瞍亦允若。」是爲父不得而子也。」

萬章曰：『堯以天下與舜，有諸？』孟子曰：『否。天子不能以天下與人。』『然則舜有天下也，孰與之？』曰：『天與之。』『天與之者，諄諄然命之乎？』曰：『否。天不言，以行與事示之而已矣。』曰：『以行與事示之者，如之何？』曰：『天子能薦人于天，不能使天與之天下。諸侯能薦人于天子，不能使天子與之諸侯。大夫能薦人于諸侯，不能使諸侯與之大夫。昔者堯薦舜于天而天受之，暴之于民而民受之，故曰：天不言，以行與事示之而已矣。』曰：『敢問薦之于天而天受之，暴之于民而民受之，如何？』曰：『使之主祭而百神享之，是天受之；使之主事而事治，百姓安之，是民受之也。天與之，人與之，故曰：天子不能以天下與人。舜相堯二十有八載，非人之所能爲也，天也。堯崩，三年之喪畢，舜避堯之子于南河之南。天下諸侯朝覲者，不之堯之子而之舜；訟獄者，不之堯之子而之舜；謳歌者，不謳歌堯之子而謳歌舜，故曰：天也。夫然後之中國，踐天子位焉。而居堯之宮，逼堯之子，是篡也，非天與也。《太誓》曰：「天視自我民視，天聽自我民聽。」此之謂也。』

萬章問曰：『人有言「至于禹而德衰，不傳于賢而傳于子」，有諸？』孟子曰：『否，不然也。天與賢，則與賢；天與子，則與子。昔者，舜薦禹于天，十有七年，舜崩。三年之喪畢，禹避舜之子于陽城，天下之民從之，若堯崩之後不從堯之子而從舜也。禹薦益于天。七年，禹崩。三年之喪畢，益避禹之子于箕山之陰。朝覲訟獄者不之益而之啓，曰：「吾君之子也。」謳歌者，不謳歌益而謳歌啓，曰：「吾君之子也。」丹朱之不肖，舜之子亦不肖。舜之相堯、禹之相舜也，歷年多，施澤于民久。啓賢，能敬承繼禹之道。益之相禹也，歷年少，施澤于民未久。舜、禹、益相去久遠，其子之賢不肖，皆天也，非人之所能爲也。莫之爲而爲者，天也；莫之致而至者，命也。匹夫而有天下者，德必若舜、禹，而又有天子薦之者，故仲尼不有天下。繼世而有天下，天之所廢，必若桀紂者也，故益、伊尹、周公

不有天下。伊尹相湯以王于天下，湯崩，太丁未立，外丙二年，仲壬四年。太甲顛覆湯之典刑，伊尹放之于桐三年。太甲悔過，自怨自艾，于桐處仁遷義，三年，以聽伊尹之訓己也，復歸于亳。周公之不有天下，猶益之于夏、伊尹之于殷也。孔子曰：「唐虞禪，夏后、殷、周繼，其義一也。」」

萬章問曰：『人有言「伊尹以割烹要湯」，有諸？』孟子曰：『否，不然。伊尹耕于有莘之野，而樂堯、舜之道焉。非其義也，非其道也，祿之以天下弗顧也，繫馬千駟弗視也。非其義也，非其道也，一介不以與人，一介不以取諸人。湯使人以幣聘之，囂囂然曰：「我何以湯之聘幣爲哉？我豈若處畎畝之中，由是以樂堯、舜之道哉？」湯三

使往聘之，既而幡然改曰：「與我處畎畝之中，由是以樂堯、舜之道，吾豈若使是君爲堯、舜之君哉？吾豈若使是民爲堯、舜之民哉？吾豈若于吾身親見之哉？天之生此民也，使先知覺後知，使先覺覺後覺也。予，天民之先覺者也。予將以斯道覺斯民也，非予覺之而誰也？」思天下之民，匹夫匹婦有不被堯舜之澤者，若己推而内之溝中，其自任以天下之重如此，故就湯而説之以伐夏救民。吾未聞枉己而正人者也，況辱己以正天下者乎？聖人之行不同也，或遠或近，或去或不去，歸潔其身而已矣。吾聞其以堯舜之道要湯，未聞以割烹也。《伊訓》曰：「天誅造攻自牧宫，朕載自亳。」』

萬章問曰：『或謂孔子于衛主癰疽，于齊主侍人瘠環，有諸乎？』孟子曰：『否，不然也。好事者爲之也。于衛主顔讎由。彌子之妻與子路之妻，兄弟也。彌子謂子路曰：「孔子主我，衛卿可得也。」子路以告。孔子曰：「有命。」孔子進以禮，退以義，得之不得曰「有命」。而主癰疽與侍人瘠環，是無義無命也。孔子不悦于魯、衛，遭宋桓司馬，將要而殺之，微服而過宋。是時孔子當厄，主司城貞子，爲陳侯周臣。吾聞觀近臣，以其所爲主；觀遠臣，以其所主。若孔子主癰疽與侍人瘠環，何以爲孔子？』

萬章問曰：『或曰：「百里奚自鬻于秦養牲者，五羊之皮。食牛，以要秦穆公。」信乎？』孟子曰：『否，不然。

好事者爲之也。百里奚，虞人也。晋人以垂棘之璧與屈産之乘，假道于虞以伐虢。宫之奇諫，百里奚不諫。知虞公之不可諫而去之秦，年已七十矣。曾不知以食牛干秦穆公之爲污也，可謂智乎？不可諫而不諫，可謂不智乎？知虞公之將亡而先去之，不可謂不智也。時舉于秦，知穆公之可與有行也而相之，可謂不智乎？相秦而顯其君于天下，可傳于後世，不賢而能之乎？自鬻以成其君，鄉黨自好者不爲，而謂賢者爲之乎？』

卷十 萬章章句下

孟子曰：『伯夷目不視惡色，耳不聽惡聲。非其君不事，非其民不使。治則進，亂則退。橫政之所出，橫民之所止，不忍居也。思與鄉人處，如以朝衣朝冠坐于塗炭也。當紂之時，居北海之濱，以待天下之清也。故聞伯夷之風者，頑夫廉，懦夫有立志。伊尹曰：「何事非君？何使非民？」治亦進，亂亦進，曰：「天之生斯民也，使先知覺後知，使先覺覺後覺。予，天民之先覺者也。予將以此道覺此民也。」思天下之民，匹夫匹婦有不與被堯舜之澤者，若己推而內之溝中，其自任以天下之重也。柳下惠不羞污君，不辭小官。進不隱賢，必以其道。遺佚而不怨，阨窮而不憫。與鄉人處，由由然不忍去也。「爾爲爾，我爲我，雖袒裼裸裎于我側，爾焉能浼我哉？」故聞柳下惠之風者，鄙夫寬，薄夫敦。孔子之去齊，接淅而行。去魯，曰：「遲遲吾行也，去父母國之道也。」可以速而速，可以久而久，可以處而處，可以仕而仕，孔子也。』孟子曰：『伯夷，聖之清者也；伊尹，聖之任者也；柳下惠，聖之和者也；孔子，聖之時者也。孔子之謂集大成。集大成也者，金聲而玉振之也。金聲也者，始條理也；玉振之也者，終條理也。始條理者，智之事也；終條理者，聖之事也。智，譬則巧也；聖，譬則力也。由射于百步之外也，其至，爾力也；其中，非爾力也。』

北宮錡問曰：『周室班爵禄也，如之何？』孟子曰：『其詳不可得聞也，諸侯惡其害己也，而皆去其籍；然而軻也嘗聞其略也。天子一位，公一位，侯一位，伯一位，子、男同一位，凡五等也。君一位，卿一位，大夫一位，上士一位，中士一位，下士一位，凡六等。天子之制，地方千里，公侯皆方百里，伯七十里，子、男五十里，凡四等。不能五十里，不達于天子，附于諸侯，曰附庸。天子之卿受地視侯，大夫受地視伯，元士受地視子、男。大國地方百里，君十卿禄，卿禄四大夫，大夫倍上士，上士倍中士，中士倍下士，下士與庶人在官者同禄，禄足以代其耕也。次國地方七十里，君十卿禄，卿禄三大夫，大夫倍上士，上士倍中士，中士倍下士，下士與庶人在官者同禄，禄足以代其耕也。小國地方五十里，君十卿禄，卿禄二大夫，大夫倍上士，上士倍中士，中士倍下士，下士與庶人在官者同禄，禄足以代其耕也。耕者之所獲，一夫百畝；百畝之糞，上農夫食九人，上次食八人，中食七人，中次食六人，下食五人。庶人在官者，其禄以是爲差。』

萬章問曰：『敢問友。』孟子曰：『不挾長，不挾貴，不挾兄弟而友。友也者，友其德也，不可以有挾也。孟獻子，百乘之家也，有友五人焉：樂正裘、牧仲，其三人則予忘之矣。獻子之與此五人者友也，無獻子之家者也。此五人者，亦有獻子之家，則不與之友矣。非惟百乘之家爲然也，雖小國之君亦有之。費惠公曰：「吾于子思，則師之矣；吾于顔般，則友之矣；王順、長息，則事我者也。」非惟小國之君爲然也，雖大國之君亦有之。晋平公之于亥唐也，人云則入，坐云則坐，食云則食。雖疏食菜羹，未嘗不飽，蓋不敢不飽也。然終于此而已矣，弗與共天位也，弗與治天職也，弗與食天禄也。士之尊賢者也，非王公之尊賢也。舜尚見帝，帝館甥于貳室，亦饗舜，迭爲賓主，是天子而友匹夫也。用下敬上，謂之貴貴；用上敬下，謂之尊賢。貴貴、尊賢，其義一也。』

萬章曰：『敢問交際何心也？』孟子曰：『恭也。』曰：

『「却之却之爲不恭」，何哉？』曰：『尊者賜之。曰：「其所取之者，義乎？不義乎？」而後受之，以是爲不恭，故弗却也。』曰：『請無以辭却之，以心却之，曰：「其取諸民之不義也。」而以他辭無受，不可乎？』曰：『其交也以道，其接也以禮，斯孔子受之矣。』萬章曰：『今有禦人于國門之外者，其交也以道，其餽也以禮，斯可受禦與？』曰：『不可。《康誥》曰：「殺越人于貨，閔不畏死，凡民罔不譈。」是不待教而誅者也。殷受夏，周受殷，所不辭也。于今爲烈，如之何其受之？』曰：『今之諸侯取之于民也，猶禦也。苟善其禮際矣，斯君子受之。敢問何説也？』曰：『子以爲有王者作，將比今之諸侯而誅之乎？其教之不改而後誅之乎？夫謂非其有而取之者盜也，充類至義之盡也。孔子之仕于魯也，魯人獵較，孔子亦獵較；獵較猶可，而況受其賜乎？』曰：『然則孔子之仕也，非事道與？』曰：『事道也。』『事道奚獵較也？』曰：『孔子先簿正祭器，不以四方之食供簿正。』曰：『奚不去也？』曰：『爲之兆也。兆足以行矣，而不行，而後去，是以未嘗有所終三年淹也。孔子有見行可之仕，有際可之仕，有公養之仕。于季桓子，見行可之仕也。于衛靈公，際可之仕也；于衛孝公，公養之仕也。』

孟子曰：『仕非爲貧也，而有時乎爲貧；娶妻非爲養也，而有時乎爲養。爲貧者，辭尊居卑，辭富居貧。辭尊居卑，辭富居貧，惡乎宜乎？抱關擊柝。孔子嘗爲委吏矣，曰：「會計當而已矣。」嘗爲乘田矣，曰：「牛羊茁壯長而已矣。」位卑而言高，罪也。立乎人之本朝而道不行，耻也。』

萬章曰：『士之不托諸侯，何也？』孟子曰：『不敢也。諸侯失國而後托于諸侯，禮也。士之托于諸侯，非禮也。』萬章曰：『君饋之粟，則受之乎？』曰：『受之。』『受之何義也？』曰：『君之于氓也，固周之。』曰：『周之則受，賜之則不受，何也？』曰：『不敢也。』曰：『敢問其不敢何也？』曰：『抱關擊柝者，皆有常職以食于上。無常職而賜于上者，以爲不恭也。』曰：『君饋之，則不識可常繼乎？』曰：『繆公之于子思也，亟問，亟饋鼎肉。子思不悦。于卒也，摽使者出諸大門之外，北面稽首再拜而不受，曰：「今而後知君之犬馬畜伋！」蓋自是臺無饋也。悦賢不能舉，又不能養也，可謂悦賢乎？』曰：『敢問國君欲養君子，如何斯可謂養矣？』曰：『以君命將之，再拜稽首而受。其後廪人繼粟，庖人繼肉，不以君命將之。子思以爲鼎肉使己僕僕爾亟拜也，非養君子之道也。堯之于舜也，使其子九男事之，二女女焉，百官牛羊倉廪備，以養舜于畎畝之中，後舉而加諸上位，故曰王公之尊賢者也。』

萬章曰：『敢問不見諸侯，何義也？』孟子曰：『在國曰市井之臣，在野曰草莽之臣，皆謂庶人。庶人不傳質爲臣，不敢見于諸侯，禮也。』萬章曰：『庶人，召之役，則往役；君欲見之，召之，則不往見之。何也？』曰：『往役，義也。往見，不義也。且君之欲見之也，何爲也哉？』曰：『爲其多聞也，爲其賢也。』曰：『爲其多聞也，則天子不召師，而况諸侯乎？爲其賢也，則吾未聞欲見賢而召之也。繆公亟見于子思，曰：「古千乘之國以友士，何如？」子思不悦，曰：「古之人有言曰，事之云乎？豈曰友之云乎？」子思之不悦也，豈不曰：「以位，則子君也，我臣也，何敢與君友也？以德，則子事我者也，奚可以與我友？」千乘之君求與之友而不可得也，而况可召與？齊景公田，招虞人以旌，不至，將殺之。志士不忘在溝壑，勇士不忘喪其元。孔子奚取焉？取非其招不往也。」曰：「敢問招虞人何以？」曰：「以皮冠。庶人以旃，士以旂，大夫以旌。以大夫之招招虞人，虞人死不敢往。以士之招招庶人，庶人豈敢往哉？况乎以不賢人之招招賢人乎？欲見賢人而不以其道，猶欲其入而閉之門也。夫義，路也；禮，門也。惟君子能由是路，出入是門也。《詩》云：『周道如底，其直如矢。君子所履，小人所視。』」萬章曰：「孔子君命召，不俟駕而行。然則孔子非與？」曰：「孔子當仕有官職，而以其官召之也。」

孟子謂萬章曰：「一鄉之善士斯友一鄉之善士，一國之善士斯友一國之善士，天下之善士斯友天下之善士。以友天下之善士爲未足，又尚論古之人。頌其詩，讀其書，不知其人，可乎？是以論其世也，是尚友也。」

齊宣王問卿。孟子曰：「王何卿之問也？」王曰：「卿不同乎？」曰：「不同。有貴戚之卿，有異姓之卿。」王曰：「請問貴戚之卿。」曰：「君有大過則諫，反覆之而不聽，則易位。」王勃然變乎色。曰：「王勿異也。王問臣，臣不敢不以正對。」王色定，然後請問異姓之卿。曰：「君有過則諫，反覆之而不聽，則去。」

卷十一　告子章句上

告子曰：『性，猶杞柳也。義，猶桮棬也。以人性爲仁義，猶以杞柳爲桮棬。』孟子曰：『子能順杞柳之性而以爲桮棬乎？將戕賊杞柳而後以爲桮棬也。如將戕賊杞柳而以爲桮棬，則亦將戕賊人以爲仁義與？率天下之人而禍仁義者，必子之言夫！』

告子曰：『性猶湍水也，決諸東方則東流，決諸西方則西流。人性之無分于善不善也，猶水之無分于東西也。』孟子曰：『水信無分于東西，無分于上下乎？人性之善也，猶水之就下也。人無有不善，水無有不下。今夫水，搏而躍之，可使過顙；激而行之，可使在山。是豈水之性哉？其勢則然也。人之可使爲不善，其性亦猶是也。』

告子曰：『生之謂性。』孟子曰：『生之謂性也，猶白之謂白與？』曰：『然。』『白羽之白也，猶白雪之白；白雪之白，猶白玉之白與？』曰：『然。』『然則犬之性猶牛之性，牛之性猶人之性歟？』

告子曰：『食色，性也。仁，內也，非外也。義，外也，非內也。』孟子曰：『何以謂仁內義外也？』曰：『彼長而我長之，非有長于我也。猶彼白而我白之，從其白于外也，故謂之外也。』曰：『異于白馬之白也，無以異于白人之白也。不識長馬之長也，無以異于長人之長與？且謂長者義乎？長之者義乎？』曰：『吾弟則愛之，秦人之弟則不愛也，是以我爲悦者也，故謂之內。長楚人之長，亦長吾之長，是以長爲悦者也，故謂之外也。』曰：『耆秦人之炙，無以異于耆吾炙。夫物則亦有然者也，然則耆炙亦有外與？』

孟季子問公都子曰：『何以謂義內也？』曰：『行吾敬，故謂之內也。』『鄉人長于伯兄一歲，則誰敬？』曰：『敬兄。』『酌則誰先？』曰：『先酌鄉人。』『所敬在此，所長在彼，果在外，非由內也。』公都子不能答，以告孟子。孟子曰：『敬叔父乎？敬弟乎？彼將曰：「敬叔父。」曰：「弟爲尸，則誰敬？」彼將曰：「敬弟。」子曰：「惡

在其敬叔父也？」彼將曰：「在位故也。」子亦曰：「在位故也。庸敬在兄，斯須之敬在鄉人。」』季子聞之，曰：『敬叔父則敬，敬弟則敬，果在外，非由內也。』公都子曰：『冬日則飲湯，夏日則飲水，然則飲食亦在外也？』

公都子曰：『告子曰：「性無善無不善也。」或曰：「性可以爲善，可以爲不善。是故文、武興則民好善，幽、厲興則民好暴。」或曰：「有性善，有性不善。是故以堯爲君而有象，以瞽瞍爲父而有舜，以紂爲兄之子且以爲君，而有微子啓、王子比干。」今曰「性善」，然則彼皆非與？』孟子曰：『乃若其情，則可以爲善矣，乃所謂善也。若夫爲不善，非才之罪也。惻隱之心，人皆有之；羞惡之心，

人皆有之；恭敬之心，人皆有之；是非之心，人皆有之。惻隱之心，仁也；羞惡之心，義也；恭敬之心，禮也；是非之心，智也。仁、義、禮、智，非由外鑠我也，我固有之也，弗思耳矣。故曰：「求則得之，舍則失之。」或相倍蓰而無算者，不能盡其才者也。《詩》曰：「天生蒸民，有物有則。民之秉夷，好是懿德。」孔子曰：「爲此詩者，其知道乎！故有物必有則，民之秉夷也，故好是懿德。」」

孟子曰：「富歲子弟多賴，凶歲子弟多暴。非天之降才爾殊也，其所以陷溺其心者然也。今夫麰麥，播種而耰之，其地同，樹之時又同，浡然而生，至于日至之時，皆熟矣。雖有不同，則地有肥磽，雨露之養、人事之不齊也。故

凡同類者，舉相似也，何獨至于人而疑之？聖人與我同類者。故龍子曰：「不知足而爲屨，我知其不爲蕢也。」屨之相似，天下之足同也。口之于味，有同耆也。易牙，先得我口之所耆者也。如使口之于味也，其性與人殊，若犬馬之與我不同類也，則天下何耆皆從易牙之于味也？至于味，天下期于易牙，是天下之口相似也。惟耳亦然。至于聲，天下期于師曠，是天下之耳相似也。惟目亦然。至于子都，天下莫不知其姣也。不知子都之姣者，無目者也。故曰：口之于味也，有同耆焉；耳之于聲也，有同聽焉；目之于色也，有同美焉。至于心，獨無所同然乎？心之所同然者何也？謂理也，義也。聖人先得我心之所同然耳。

故理、義之悦我心，猶芻豢之悦我口。』

孟子曰：『牛山之木嘗美矣。以其郊于大國也，斧斤伐之，可以爲美乎？是其日夜之所息，雨露之所潤，非無萌蘖之生焉，牛羊又從而牧之，是以若彼濯濯也。人見其濯濯也，以爲未嘗有材焉，此豈山之性也哉？雖存乎人者，豈無仁義之心哉？其所以放其良心者，亦猶斧斤之于木也，旦旦而伐之，可以爲美乎？其日夜之所息，平旦之氣，其好惡與人相近也者幾希，則其旦晝之所爲，有梏亡之矣。梏之反覆，則其夜氣不足以存；夜氣不足以存，則其違禽獸不遠矣。人見其禽獸也，而以爲未嘗有才焉者，是豈人之情也哉？故苟得其養，無物不長；苟失其養，無物不消。孔子曰：「操則存，舍則亡；出入無時，莫知其鄉。」惟心之謂與？』

孟子曰：『無或乎王之不智也。雖有天下易生之物也，一日暴之，十日寒之，未有能生者也。吾見亦罕矣，吾退而寒之者至矣，吾如有萌焉何哉？今夫弈之爲數，小數也；不專心致志，則不得也。弈秋，通國之善弈者也。使弈秋誨二人弈，其一人專心致志，惟弈秋之爲聽。一人雖聽之，一心以爲有鴻鵠將至，思援弓繳而射之，雖與之俱學，弗若之矣。爲是其智弗若與？曰：非然也。』

孟子曰：『魚，我所欲也，熊掌亦我所欲也；二者不可得兼，舍魚而取熊掌者也。生亦我所欲也，義亦我所欲也；二者不可得兼，舍生而取義者也。生亦我所欲，所欲有甚于生者，故不爲苟得也；死亦我所惡，所惡有甚于死者，故患有所不辟也。如使人之所欲莫甚于生，則凡可以得生者，何不用也？使人之所惡莫甚于死者，則凡可以辟患者，何不爲也？由是則生而有不用也，由是則可以辟患而有不爲也，是故所欲有甚于生者，所惡有甚于死者。非獨賢者有是心也，人皆有之，賢者能勿喪耳。一簞食，一豆羹，得之則生，弗得則死，嘑爾而與之，行道之人弗受；蹴爾而與之，乞人不屑也。萬鍾則不辯禮義而受之，萬鍾于我何加焉？爲宫室之美、妻妾之奉、所識窮乏者得我與？鄉爲身死而不受，今爲宫室之美爲之；鄉爲身死而不受，今爲妻妾之奉爲之；鄉爲身死而不受，今爲所識窮乏者得我而爲之，是亦不可以已乎？此之謂失其本心。』

孟子曰：『仁，人心也；義，人路也。舍其路而弗由，放其心而不知求，哀哉！人有鷄犬放，則知求之；有放心而不知求。學問之道無他，求其放心而已矣。』

孟子曰：『今有無名之指，屈而不信，非疾痛害事也，如有能信之者，則不遠秦、楚之路，爲指之不若人也。指不若人，則知惡之；心不若人，則不知惡，此之謂不知類也。』

孟子曰：『拱把之桐梓，人苟欲生之，皆知所以養之者。至于身，而不知所以養之者，豈愛身不若桐梓哉？弗思甚也。』

孟子曰：『人之于身也，兼所愛。兼所愛，則兼所養也。無尺寸之膚不愛焉，則無尺寸之膚不養也。所以考其善不善者，豈有他哉？于己取之而已矣。體有貴賤，有小大。無以小害大，無以賤害貴。養其小者爲小人，養其大者爲大人。今有場師，舍其梧檟，養其樲棘，則爲賤場師焉。養其一指而失其肩背，而不知也，則爲狼疾人也。飲食之人，則人賤之矣，爲其養小以失大也。飲食之人無有失也，則口腹豈適爲尺寸之膚哉？』

公都子問曰：『鈞是人也，或爲大人，或爲小人，何也？』孟子曰：『從其大體爲大人，從其小體爲小人。』曰：『鈞是人也，或從其大體，或從其小體，何也？』曰：『耳目之官不思，而蔽于物。物交物，則引之而已矣。心之官則思，思則得之，不思則不得也。此天之所與我者。先立乎其大者，則其小者不能奪也。此爲大人而已矣。』

孟子曰：『有天爵者，有人爵者。仁義忠信，樂善不倦，此天爵也；公卿大夫，此人爵也。古之人修其天爵，而人爵從之。今之人修其天爵，以要人爵；既得人爵而弃其天爵，則惑之甚者也，終亦必亡而已矣。』

孟子曰：『欲貴者，人之同心也。人人有貴于己者，弗思耳矣。人之所貴者，非良貴也。趙孟之所貴，趙孟能賤之。《詩》云：「既醉以酒，既飽以德。」言飽乎仁義也，所以不願人之膏粱之味也。今聞廣譽施于身，所以不願人之文綉也。』

孟子曰：『仁之勝不仁也，猶水勝火。今之爲仁者，猶以一杯水救一車薪之火也；不熄，則謂之水不勝火，此又與于不仁之甚者也，亦終必亡而已矣。』

孟子曰：『五穀者，種之美者也。苟爲不熟，不如荑稗。夫仁亦在乎熟之而已矣。』

孟子曰：『羿之教人射，必志于彀；學者亦必志于彀。大匠誨人，必以規矩，學者亦必以規矩。』

卷十二　告子章句下

任人有問屋廬子曰：『禮與食孰重？』曰：『禮重。』『色與禮孰重？』曰：『禮重。』曰：『以禮食，則飢而死；不以禮食，則得食，必以禮乎？親迎，則不得妻；不親迎，則得妻，必親迎乎？』屋廬子不能對。明日之鄒，以告孟子。孟子曰：『于答是也何有？不揣其本而齊其末，方寸之木可使高于岑樓。金重于羽者，豈謂一鉤金與一輿羽之謂哉？取食之重者與禮之輕者而比之，奚翅食重？取色之重者與禮之輕者而比之，奚翅色重？往應之曰：「紾兄之臂而奪之食，則得食；不紾，則不得食，則

將紾之乎？踰東家墻而摟其處子，則得妻；不摟，則不得妻；則將摟之乎？」』

曹交問曰：『人皆可以爲堯舜，有諸？』孟子曰：『然。』『交聞文王十尺，湯九尺，今交九尺四寸以長，食粟而已，如何則可？』曰：『奚有于是？亦爲之而已矣。有人于此，力不能勝一匹雛，則爲無力人矣。今曰舉百鈞，則爲有力人矣。然則舉烏獲之任，是亦爲烏獲而已矣。夫人豈以不勝爲患哉？弗爲耳。徐行後長者謂之弟，疾行先長者謂之不弟。夫徐行者，豈人所不能哉？所不爲也。堯舜之道，孝弟而已矣。子服堯之服，誦堯之言，行堯之行，是堯而已矣。子服桀之服，誦桀之言，行桀之行，是桀

而已矣。』曰：『交得見于鄒君，可以假館，願留而受業于門。』曰：『夫道若大路然，豈難知哉？人病不求耳。子歸而求之，有餘師。』

公孫丑問曰：『高子曰：「《小弁》，小人之詩也。」』孟子曰：『何以言之？』曰：『怨。』曰：『固哉，高叟之爲詩也！有人于此，越人關弓而射之，則己談笑而道之；無他，疏之也。其兄關弓而射之，則己垂涕泣而道之；無他，戚之也。《小弁》之怨，親親也。親親，仁也。固矣夫，高叟之爲詩也！』曰：『《凱風》何以不怨？』曰：『《凱風》，親之過小者也；《小弁》，親之過大者也。親之過大而不怨，是愈疏也；親之過小而怨，是不可磯也。愈疏，不孝也；不可磯，亦不孝也。孔子曰：「舜其至孝矣，五十而慕。」』

宋牼將之楚，孟子遇于石丘，曰：『先生將何之？』曰：『吾聞秦、楚構兵，我將見楚王説而罷之。楚王不悦，我將見秦王説而罷之。二王我將有所遇焉。』曰：『軻也請無問其詳，願聞其指。説之將何如？』曰：『我將言其不利也。』曰：『先生之志則大矣，先生之號則不可。先生以利説秦楚之王，秦楚之王悦于利，以罷三軍之師，是三軍之士樂罷而悦于利也。爲人臣者懷利以事其君，爲人子者懷利以事其父，爲人弟者懷利以事其兄，是君臣、父子、兄弟終去仁義，懷利以相接，然而不亡者，未之有也。先生以仁義説秦、楚之王，秦、楚之王悦于仁義，而罷三軍之師，是三軍之士樂罷而悦于仁義也。爲人臣者懷仁義以事其君，爲人子者懷仁義以事其父，爲人弟者懷仁義以事其兄，是君臣、父子、兄弟去利，懷仁義以相接也，然而不王者，未之有也。何必曰利？』

孟子居鄒。季任爲任處守，以幣交，受之而不報。處于平陸，儲子爲相，以幣交，受之而不報。他日，由鄒之任，見季子；由平陸之齊，不見儲子。屋廬子喜曰：『連得間矣。』問曰：『夫子之任見季子，之齊不見儲子，爲其爲相與？』曰：『非也。《書》曰：「享多儀，儀不及物曰不享，惟不役志于享。」爲其不成享也。』屋廬子悦。或問之，屋

廬子曰：『季子不得之鄒，儲子得之平陸。』

淳于髡曰：『先名實者，爲人也；後名實者，自爲也。夫子在三卿之中，名實未加于上下而去之，仁者固如此乎？』孟子曰：『居下位，不以賢事不肖者，伯夷也。五就湯，五就桀者，伊尹也。不惡污君，不辭小官者，柳下惠也。三子者不同道，其趨一也。一者何也？曰：仁也。君子亦仁而已矣，何必同？』曰：『魯繆公之時，公儀子爲政，子柳、子思爲臣，魯之削也滋甚。若是乎賢者之無益于國也！』曰：『虞不用百里奚而亡，秦穆公用之而霸。不用賢則亡，削何可得與？』曰：『昔者王豹處于淇，而河西善謳；綿駒處于高唐，而齊右善歌。華周、杞梁之妻善哭其

夫，而變國俗。有諸内，必形諸外。爲其事而無其功者，髡未嘗睹之也。是故無賢者也，有則髡必識之。』曰：『孔子爲魯司寇，不用，從而祭，燔肉不至，不税冕而行。不知者以爲爲肉也，其知者以爲爲無禮也。乃孔子則欲以微罪行，不欲爲苟去。君子之所爲，衆人固不識也。』

孟子曰：『五霸者，三王之罪人也。今之諸侯，五霸之罪人也。今之大夫，今之諸侯之罪人也。天子適諸侯曰巡狩，諸侯朝于天子曰述職。春省耕而補不足，秋省斂而助不給。入其疆，土地辟，田野治，養老尊賢，俊杰在位，則有慶，慶以地。入其疆，土地荒蕪，遺老失賢，掊克在位，則有讓。一不朝則貶其爵，再不朝則削其地，三不朝則六師移之。是故天子討而不伐，諸侯伐而不討。五霸者，摟諸侯以伐諸侯者也。故曰：五霸者，三王之罪人也。五霸，桓公爲盛。葵丘之會諸侯，束牲載書而不歃血。初命曰：「誅不孝，無易樹子，無以妾爲妻。」再命曰：「尊賢育才，以彰有德。」三命曰：「敬老慈幼，無忘賓旅。」四命曰：「士無世官，官事無攝，取士必得，無專殺大夫。」五命曰：「無曲防，無遏糴，無有封而不告。」曰：「凡我同盟之人，既盟之後，言歸于好。」今之諸侯皆犯此五禁，故曰：今之諸侯，五霸之罪人也。長君之惡其罪小，逢君之惡其罪大。今之大夫皆逢君之惡，故曰：今之大夫，今之諸侯之罪人也。』

魯欲使愼子爲將軍。孟子曰：『不教民而用之，謂之殃民。殃民者，不容于堯舜之世。一戰勝齊，遂有南陽，然且不可。』愼子勃然不悦，曰：『此則滑釐所不識也。』曰：『吾明告子：天子之地方千里；不千里，不足以待諸侯。諸侯之地方百里；不百里，不足以守宗廟之典籍。周公之封于魯，爲方百里也；地非不足，而儉于百里。太公之封于齊也，亦爲方百里也；地非不足也，而儉于百里。今魯方百里者五，子以爲有王者作，則魯在所損乎，在所益乎？徒取諸彼以與此，然且仁者不爲，況于殺人以求之乎？君子之事君也，務引其君以當道，志于仁而已。』

孟子曰：『今之事君者皆曰：「我能爲君辟土地，充府庫。」今之所謂良臣，古之所謂民賊也。君不鄉道，不志于仁，而求富之，是富桀也。「我能爲君約與國，戰必克。」今之所謂良臣，古之所謂民賊也。君不鄉道，不志于仁，而求爲之强戰，是輔桀也。由今之道，無變今之俗，雖與之天下，不能一朝居也。』

白圭曰：『吾欲二十而取一，何如？』孟子曰：『子之道，貉道也。萬室之國，一人陶，則可乎？』曰：『不可。器不足用也。』曰：『夫貉，五穀不生，惟黍生之。無城郭、宫室、宗廟、祭祀之禮，無諸侯幣帛饔飧，無百官有司，故二十取一而足也。今居中國，去人倫，無君子，如之何其可也？陶以寡，且不可以爲國，況無君子乎？欲輕之于堯舜之道者，大貉小貉也；欲重之于堯、舜之道者，大桀小桀也。』

白圭曰：『丹之治水也，愈于禹。』孟子曰：『子過矣。禹之治水，水之道也，是故禹以四海爲壑。今吾子以鄰國爲壑。水逆行，謂之洚水。洚水者，洪水也。仁人之所惡也。吾子過矣。』

孟子曰：『君子不亮，惡乎執？』

魯欲使樂正子爲政。孟子曰：『吾聞之，喜而不寐。』公孫丑曰：『樂正子强乎？』曰：『否。』『有知慮乎？』曰：『否。』『多聞識乎？』曰：『否。』『然則奚爲喜而不寐？』曰：『其爲人也好善。』『好善足乎？』曰：『好善優

于天下，而况魯國乎？夫苟好善，則四海之内皆將輕千里而來告之以善。夫苟不好善，則人將曰：「訑訑，予既已知之矣。」訑訑之聲音顔色距人于千里之外。士止于千里之外，則讒諂面諛之人至矣。與讒諂面諛之人居，國欲治，可得乎？』

陳子曰：『古之君子何如則仕？』孟子曰：『所就三，所去三。迎之致敬以有禮，言將行其言也，則就之；禮貌未衰，言弗行之，則去之。其次，雖未行其言也，迎之致敬以有禮，則就之；禮貌衰，則去之。其下，朝不食，夕不食，飢餓不能出門户，君聞之，曰：「吾大者不能行其道，又不能從其言也。使飢餓于我土地，吾恥之。」周之，亦可

受也，免死而已矣。』

孟子曰：『舜發于畎畝之中，傅説舉于版築之間，膠鬲舉于魚鹽之中，管夷吾舉于士，孫叔敖舉于海，百里奚舉于市。故天將降大任于是人也，必先苦其心志，勞其筋骨，餓其體膚，空乏其身，行拂亂其所爲，所以動心忍性，曾益其所不能。人恒過，然後能改。困于心，衡于慮，而後作。徵于色，發于聲，而後喻。入則無法家拂士，出則無敵國外患者，國恒亡。然後知生于憂患而死于安樂也。』

孟子曰：『教亦多術矣。予不屑之教誨也者，是亦教誨之而已矣。』

孟子曰：『盡其心者，知其性也。知其性，則知天矣。存其心，養其性，所以事天也。殀壽不貳，修身以俟之，所以立命也。』

孟子曰：『莫非命也，順受其正。是故知命者不立乎岩墻之下。盡其道而死者，正命也；桎梏死者，非正命也。』

孟子曰：『求則得之，舍則失之，是求有益于得也，求在我者也。求之有道，得之有命，是求無益于得也，求在外者也。』

孟子曰：『萬物皆備于我矣。反身而誠，樂莫大焉。强恕而行，求仁莫近焉。』

孟子曰：『行之而不著焉，習矣而不察焉，終身由之而不知其道者，衆也。』

孟子曰：『人不可以無耻。無耻之耻，無耻矣。』

孟子曰：『耻之于人大矣。爲機變之巧者，無所用耻焉。不耻不若人，何若人有？』

孟子曰：『古之賢王好善而忘勢。古之賢士何獨不然？樂其道而忘人之勢，故王公不致敬盡禮，則不得亟見之。見且由不得亟，而况得而臣之乎？』

孟子謂宋句踐曰：『子好遊乎？吾語子遊。人知之，亦囂囂；人不知，亦囂囂。』曰：『何如斯可以囂囂矣？』曰：『尊德樂義，則可以囂囂矣。故士窮不失義，達不離道。窮不失義，故士得己焉；達不離道，故民不失望焉。古之人，得志，澤加于民；不得志，修身見于世。窮則獨善其身，達則兼善天下。』

孟子曰：『待文王而後興者，凡民也。若夫豪杰之士，雖無文王猶興。』

孟子曰：『附之以韓魏之家，如其自視欿然，則過人遠矣。』

孟子曰：『以佚道使民，雖勞不怨。以生道殺民，雖死不怨殺者。』

孟子曰：『霸者之民，歡虞如也；王者之民，皞皞如也。殺之而不怨，利之而不庸，民日遷善而不知爲之者。夫君子所過者化，所存者神，上下與天地同流，豈曰小補之哉？』

孟子曰：『仁言不如仁聲之入人深也，善政不如善教之得民也。善政民畏之，善教民愛之。善政得民財，善教得民心。』

孟子曰：『人之所不學而能者，其良能也；所不慮而知者，其良知也。孩提之童無不知愛其親者，及其長也，無不知敬其兄也。親親，仁也；敬長，義也；無他，達之天下也。』

孟子曰：『舜之居深山之中，與木石居，與鹿豕遊，其所以異于深山之野人者幾希。及其聞一善言，見一善行，若決江河，沛然莫之能禦也。』

孟子曰：『無爲其所不爲，無欲其所不欲，如此而已矣。』

孟子曰：『人之有德慧術知者，恒存乎疢疾。獨孤臣孽子，其操心也危，其慮患也深，故達。』

孟子曰：『有事君人者，事是君則爲容悦者也；有安社稷臣者，以安社稷爲悦者也；有天民者，達可行于天下而後行之者也；有大人者，正己而物正者也。』

孟子曰：『君子有三樂，而王天下不與存焉。父母俱

存，兄弟無故，一樂也；仰不愧于天，俯不怍于人，二樂也；得天下英才而教育之，三樂也。君子有三樂，而王天下不與存焉。』

孟子曰：『廣土衆民，君子欲之，所樂不存焉。中天下而立，定四海之民，君子樂之，所性不存焉。君子所性，雖大行不加焉，雖窮居不損焉，分定故也。君子所性，仁、義、禮、智根于心。其生色也睟然，見于面，盎于背，施于四體，四體不言而喻。』

孟子曰：『伯夷辟紂，居北海之濱，聞文王作，興曰：「盍歸乎來？吾聞西伯善養老者。」太公辟紂，居東海之濱，聞文王作，興曰：「盍歸乎來？吾聞西伯善養老者。」

天下有善養老，則仁人以爲己歸矣。五畝之宅，樹墻下以桑，匹婦蠶之，則老者足以衣帛矣。五母鷄，二母彘，無失其時，老者足以無失肉矣。百畝之田，匹夫耕之，八口之家足以無飢矣。所謂西伯善養老者，制其田里，教之樹畜，導其妻子使養其老。五十非帛不暖，七十非肉不飽。不暖不飽，謂之凍餒。文王之民無凍餒之老者，此之謂也。』

孟子曰：『易其田疇，薄其税斂，民可使富也。食之以時，用之以禮，財不可勝用也。民非水火不生活。昏暮叩人之門户，求水火，無弗與者，至足矣。聖人治天下，使有菽粟如水火。菽粟如水火，而民焉有不仁者乎？』

孟子曰：『孔子登東山而小魯，登太山而小天下，故觀于海者難爲水，遊于聖人之門者難爲言。觀水有術，必觀其瀾。日月有明，容光必照焉。流水之爲物也，不盈科不行；君子之志于道也，不成章不達。』

孟子曰：『鷄鳴而起，孳孳爲善者，舜之徒也；鷄鳴而起，孳孳爲利者，蹠之徒也。欲知舜與蹠之分，無他，利與善之間也。』

孟子曰：『楊子取爲我，拔一毛而利天下，不爲也。墨子兼愛，摩頂放踵利天下，爲之。子莫執中，執中爲近之。執中無權，猶執一也。所惡執一者，爲其賊道也，舉一而廢百也。』

孟子曰：『飢者甘食，渴者甘飲，是未得飲食之正也，飢渴害之也。豈惟口腹有飢渴之害？人心亦皆有害。人能無以飢渴之害爲心害，則不及人不爲憂矣。』

孟子曰：『柳下惠不以三公易其介。』

孟子曰：『有爲者辟若掘井，掘井九軔而不及泉，猶爲弃井也。』

孟子曰：『堯舜，性之也；湯武，身之也；五霸，假之也。久假而不歸，惡知其非有也。』

公孫丑曰：『伊尹曰：「予不狎于不順，放太甲于桐，民大悦。太甲賢，又反之，民大悦。」賢者之爲人臣也，其君不賢，則固可放與？』孟子曰：『有伊尹之志，則可；無伊尹之志，則簒也。』

公孫丑曰：『《詩》曰：「不素餐兮。」君子之不耕而食，何也？』孟子曰：『君子居是國也，其君用之，則安富尊榮；其子弟從之，則孝弟忠信。「不素餐兮」，孰大于是？』

王子墊問曰：『士何事？』孟子曰：『尚志。』曰：『何謂尚志？』曰：『仁義而已矣。殺一無罪，非仁也。非其有而取之，非義也。居惡在？仁是也。路惡在？義是也。居仁由義，大人之事備矣。』

孟子曰：『仲子，不義與之齊國而弗受，人皆信之，是舍簞食豆羹之義也。人莫大焉亡親戚君臣上下。以其小者信其大者，奚可哉？』

桃應問曰：『舜爲天子，皋陶爲士，瞽瞍殺人，則如之何？』孟子曰：『執之而已矣。』『然則舜不禁與？』曰：『夫舜惡得而禁之？夫有所受之也。』『然則舜如之何？』曰：『舜視弃天下猶弃敝蹝也。竊負而逃，遵海濱而處，終身訢然，樂而忘天下。』

孟子自范之齊，望見齊王之子，喟然嘆曰：『居移氣，養移體，大哉居乎！夫非盡人之子與？』孟子曰：『王子宫室、車馬、衣服多與人同，而王子若彼者，其居使之然也。況居天下之廣居者乎？魯君之宋，呼于垤澤之門。守者曰：「此非吾君也，何其聲之似我君也？」此無他，居相似也。』

孟子曰：『食而弗愛，豕交之也；愛而不敬，獸畜之也。恭敬者，幣之未將者也。恭敬而無實，君子不可虛拘。』

孟子曰：『形色，天性也。惟聖人然後可以踐形。』

齊宣王欲短喪。公孫丑曰『爲期之喪，猶愈于已乎？』孟子曰：『是猶或紾其兄之臂，子謂之姑徐徐云爾，亦教之孝弟而已矣。』王子有其母死者，其傅爲之請數月之喪。公孫丑曰：『若此者，何如也？』曰：『是欲終之而不可得也。雖加一日愈于已，謂夫莫之禁而弗爲者也。』

孟子曰：『君子之所以教者五：有如時雨化之者，有成德者，有達財者，有答問者，有私淑艾者。此五者，君子之所以教也。』

公孫丑曰：『道則高矣，美矣，宜若登天然，似不可及也。何不使彼爲可幾及而日孳孳也？』孟子曰：『大匠不爲拙工改廢繩墨，羿不爲拙射變其彀率。君子引而不發，躍如也。中道而立，能者從之。』

孟子曰：『天下有道，以道殉身；天下無道，以身殉道。未聞以道殉乎人者也。』

公都子曰：『滕更之在門也，若在所禮，而不答，何也？』孟子曰：『挾貴而問，挾賢而問，挾長而問，挾有勛勞而問，挾故而問，皆所不答也。滕更有二焉。』

孟子曰：『于不可已而已者，無所不已；于所厚者薄，無所不薄也。其進鋭者，其退速。』

孟子曰：『君子之于物也，愛之而弗仁；于民也，仁之而弗親。親親而仁民，仁民而愛物。』

孟子曰：『知者無不知也，當務之爲急；仁者無不愛也，急親賢之爲務。堯舜之知而不遍物，急先務也；堯舜之仁不遍愛人，急親賢也。不能三年之喪，而緦、小功之察；放飯流歠，而問無齒決，是之謂不知務。』

卷十四　盡心章句下

孟子曰：『不仁哉，梁惠王也！仁者以其所愛及其所不愛，不仁者以其所不愛及其所愛。』公孫丑問曰：『何謂也？』『梁惠王以土地之故，糜爛其民而戰之，大敗，將復之，恐不能勝，故驅其所愛子弟以殉之，是之謂以其所不愛及其所愛也。』

孟子曰：『《春秋》無義戰。彼善于此，則有之矣。征者，上伐下也，敵國不相征也。』

孟子曰：『盡信《書》，則不如無《書》。吾于《武成》，取二三策而已矣。仁人無敵于天下，以至仁伐至不仁，而

何其血之流杵也？』

孟子曰：『有人曰：「我善爲陳，我善爲戰。」大罪也。國君好仁，天下無敵焉。南面而征，北狄怨；東面而征，西夷怨，曰：「奚爲後我？」武王之伐殷也，革車三百兩，虎賁三千人。王曰：「無畏！寧爾也，非敵百姓也。」若崩厥角稽首。征之爲言正也，各欲正己也，焉用戰？』

孟子曰：『梓匠輪輿能與人規矩，不能使人巧。』

孟子曰：『舜之飯糗茹草也，若將終身焉。及其爲天子也，被袗衣，鼓琴，二女果，若固有之。』

孟子曰：『吾今而後知殺人親之重也。殺人之父，人亦殺其父；殺人之兄，人亦殺其兄。然則非自殺之也，一

間耳。』

孟子曰：『古之爲關也，將以禦暴；今之爲關也，將以爲暴。』

孟子曰：『身不行道，不行于妻子；使人不以道，不能行于妻子。』

孟子曰：『周于利者凶年不能殺，周于德者邪世不能亂。』

孟子曰：『好名之人能讓千乘之國，苟非其人，簞食豆羹見于色。』

孟子曰：『不信仁賢，則國空虛；無禮義，則上下亂；無政事，則財用不足。』

孟子曰：『不仁而得國者有之矣，不仁而得天下者未之有也。』

孟子曰：『民爲貴，社稷次之，君爲輕。是故得乎丘民而爲天子，得乎天子爲諸侯，得乎諸侯爲大夫。諸侯危社稷，則變置。犧牲既成，粢盛既潔，祭祀以時，然而旱乾水溢，則變置社稷。』

孟子曰：『聖人，百世之師也，伯夷、柳下惠是也。故聞伯夷之風者，頑夫廉，懦夫有立志；聞柳下惠之風者，薄夫敦，鄙夫寬。奮乎百世之上，百世之下，聞者莫不興起也。非聖人而能若是乎？而況于親炙之者乎？』

孟子曰：『仁也者，人也。合而言之，道也。』

孟子曰：『孔子之去魯，曰：「遲遲吾行也，去父母國之道也。」去齊，接淅而行，去他國之道也。』

孟子曰：『君子之厄于陳、蔡之間，無上下之交也。』

貉稽曰：『稽大不理于口。』孟子曰：『無傷也。士憎茲多口。《詩》云：「憂心悄悄，慍于群小。」孔子也。「肆不殄厥慍，亦不殞厥問。」文王也。』

孟子曰：『賢者以其昭昭使人昭昭，今以其昏昏使人昭昭。』

孟子謂高子曰：『山徑之蹊間，介然用之而成路。爲間不用，則茅塞之矣。今茅塞子之心矣。』

高子曰：『禹之聲尚文王之聲。』孟子曰：『何以言之？』曰：『以追蠡。』曰：『是奚足哉？城門之軌，兩馬之力與？』

齊饑。陳臻曰：『國人皆以夫子將復爲發棠，殆不可復。』孟子曰：『是爲馮婦也。晋人有馮婦者，善搏虎，卒爲善士。則之野，有衆逐虎。虎負嵎，莫之敢攖。望見馮婦，趨而迎之。馮婦攘臂下車。衆皆悦之，其爲士者笑之。』

孟子曰：『口之于味也，目之于色也，耳之于聲也，鼻之于臭也，四肢之于安佚也，性也，有命焉，君子不謂性也。仁之于父子也，義之于君臣也，禮之于賓主也，知之于賢者也，聖人之于天道也，命也，有性焉，君子不謂命也。』

浩生不害問曰：『樂正子何人也？』孟子曰：『善人

也，信人也。』『何謂善？何謂信？』曰：『可欲之謂善，有諸己之謂信，充實之謂美，充實而有光輝之謂大，大而化之之謂聖，聖而不可知之之謂神。樂正子，二之中，四之下也。』

孟子曰：『逃墨必歸于楊，逃楊必歸于儒。歸，斯受之而已矣。今之與楊、墨辯者，如追放豚，既入其苙，又從而招之。』

孟子曰：『有布縷之征，粟米之征，力役之征。君子用其一，緩其二。用其二而民有殍，用其三而父子離。』

孟子曰：『諸侯之寶三：土地、人民、政事。寶珠玉者，殃必及身。』

盆成括仕于齊。孟子曰：『死矣盆成括！』盆成括見殺，門人問曰：『夫子何以知其將見殺？』曰：『其爲人也小有才，未聞君子之大道也，則足以殺其軀而已矣。』

孟子之滕，館于上宮。有業屨于牖上，館人求之弗得。或問之曰：『若是乎從者之廋也？』曰：『子以是爲竊屨來與？』曰：『殆非也。夫子之設科也，往者不追，來者不拒。苟以是心至，斯受之而已矣。』

孟子曰：『人皆有所不忍，達之于其所忍，仁也；人皆有所不爲，達之于其所爲，義也。人能充無欲害人之心，而仁不可勝用也；人能充無穿踰之心，而義不可勝用也；人能充無受爾汝之實，無所往而不爲義也。士未可以言而言，是以言餂之也；可以言而不言，是以不言餂之也。是皆穿逾之類也。』

孟子曰：『言近而指遠者，善言也；守約而施博者，善道也。君子之言也，不下帶而道存焉。君子之守，修其身而天下平。人病舍其田而芸人之田，所求于人者重，而所以自任者輕。』

孟子曰：『堯舜，性者也。湯武，反之也。動容周旋中禮者，盛德之至也。哭死而哀，非爲生者也。經德不回，非以祿干也。言語必信，非以正行也。君子行法以俟命而已矣。』

孟子曰：『說大人則藐之，勿視其巍巍然。堂高數仞，榱題數尺，我得志弗爲也。食前方丈，侍妾數百人，我得志弗爲也。般樂飲酒，驅騁田獵，後車千乘，我得志弗爲也。在彼者皆我所不爲也，在我者皆古之制也，吾何畏彼哉？』

孟子曰：『養心莫善于寡欲。其爲人也寡欲，雖有不存焉者，寡矣；其爲人也多欲，雖有存焉者，寡矣。』

曾晳嗜羊棗，而曾子不忍食羊棗。公孫丑問曰：『膾炙與羊棗孰美？』孟子曰：『膾炙哉！』公孫丑曰：『然則曾子何爲食膾炙而不食羊棗？』曰：『膾炙所同也，羊棗所獨也。諱名不諱姓，姓所同也，名所獨也。』

萬章問曰：『孔子在陳，曰：「盍歸乎來！吾黨之小子狂簡，進取不忘其初。」孔子在陳，何思魯之狂士？』孟子曰：『孔子「不得中道而與之，必也狂獧乎！狂者進取，獧者有所不爲也」。孔子豈不欲中道哉？不可必得，故思其次也。』『敢問何如斯可謂狂矣？』曰：『如琴張、曾皙、牧皮者，孔子之所謂狂矣。』『何以謂之狂也？』曰：『其志嘐嘐然，曰：「古之人，古之人！」夷考其行，而不掩焉者也。狂者又不可得，欲得不屑不潔之士而與之，是獧也，是又其次也。孔子曰：「過我門而不入我室，我不憾焉者，其惟鄉原乎！鄉原，德之賊也。」』曰：『何如斯可謂之鄉原矣？』曰：『何以是嘐嘐也？言不顧行，行不顧言，則曰「古之人，古之人」。行何爲踽踽涼涼？生斯世也，爲斯世也，善斯可矣」。閹然媚于世也者，是鄉原也。』萬章曰：

『一鄉皆稱原人焉，無所往而不爲原人，孔子以爲德之賊，何哉？』曰：『非之無舉也，刺之無刺也。同乎流俗，合乎污世。居之似忠信，行之似廉潔，衆皆悅之，自以爲是，而不可與入堯舜之道，故曰「德之賊」也。孔子曰：「惡似而非者：惡莠，恐其亂苗也；惡佞，恐其亂義也；惡利口，恐其亂信也；惡鄭聲，恐其亂樂也；惡紫，恐其亂朱也；惡鄉原，恐其亂德也。」君子反經而已矣。經正則庶民興，庶民興，斯無邪慝矣。』

孟子曰：『由堯、舜至于湯，五百有餘歲。若禹、皋陶，則見而知之；若湯，則聞而知之。由湯至于文王，五百有餘歲。若伊尹、萊朱，則見而知之；若文王，則聞而知之。

由文王至于孔子，五百有餘歲。若太公望、散宜生，則見而知之；若孔子，則聞而知之。由孔子而來，至于今百有餘歲，去聖人之世若此其未遠也，近聖人之居若此其甚也，然而無有乎爾，則亦無有乎爾。』

附録：孟子列傳

太史公曰：余讀孟子書，至梁惠王問『何以利吾國』，未嘗不廢書而嘆也。曰：嗟乎，利誠亂之始也！夫子罕言利者，常防其原也。故曰『放於利而行，多怨』。自天子至於庶人，好利之弊何以異哉！

孟軻，鄒人也。受業子思之門人。道既通，游事齊宣王，宣王不能用。適梁，梁惠王不果所言，則見以爲迂遠而闊於事情。當是之時，秦用商君，富國彊兵；楚、魏用吳起，戰勝弱敵；齊威王、宣王用孫子、田忌之徒，而諸侯東面朝齊。天下方務於合從連衡，以攻伐爲賢，而孟軻乃述唐、虞、三代之德，是以所如者不合。退而與萬章之徒序《詩》《書》，述仲尼之意，作《孟子》七篇。

（選自《史記》卷七十四《孟子荀卿列傳》）

孟子聖迹圖

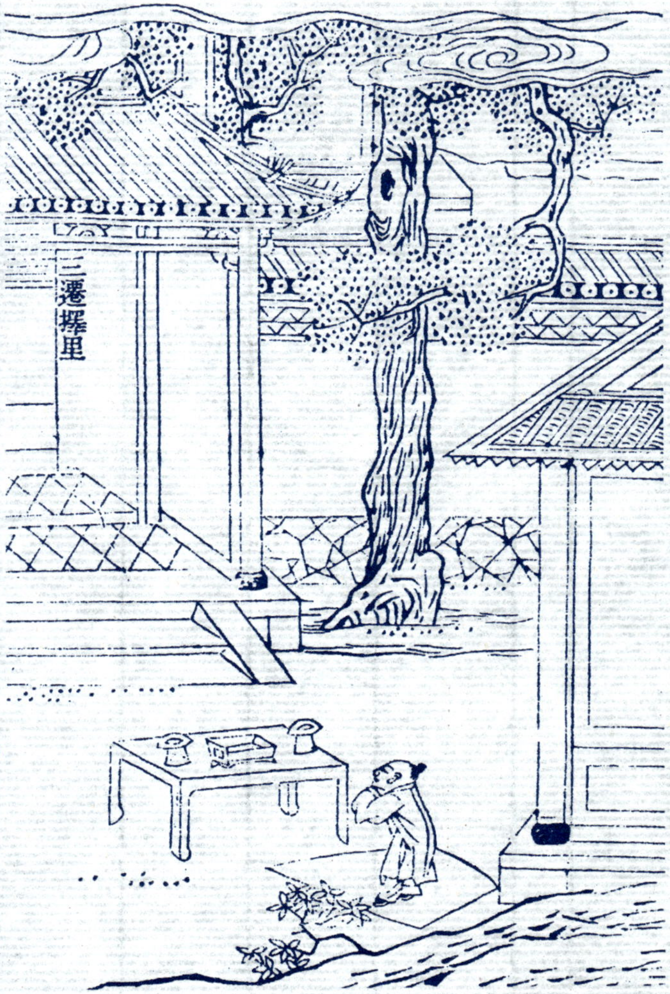

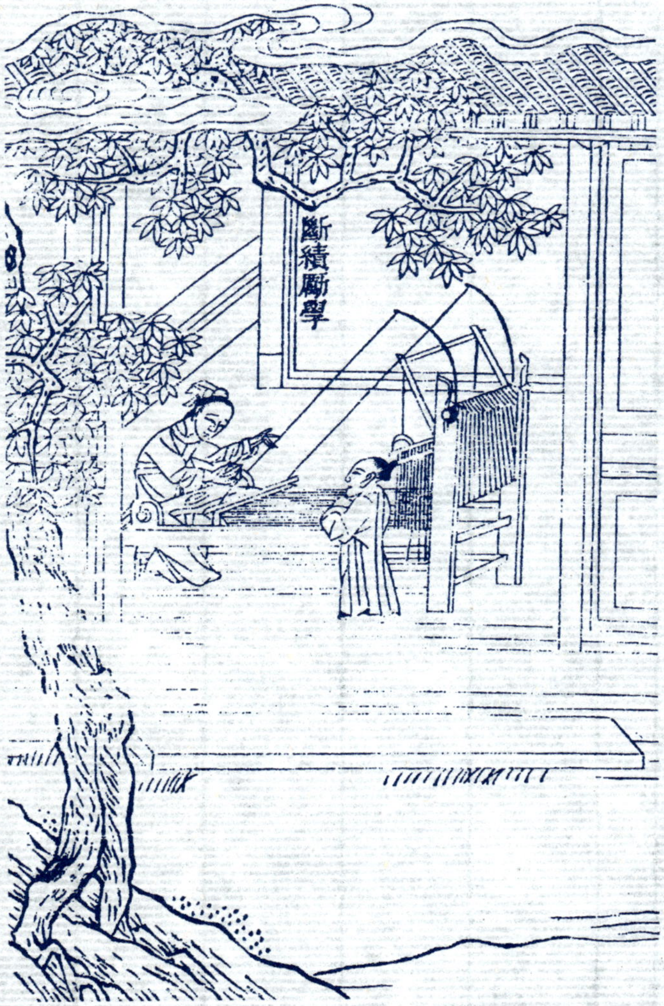

附録：孟子聖迹圖

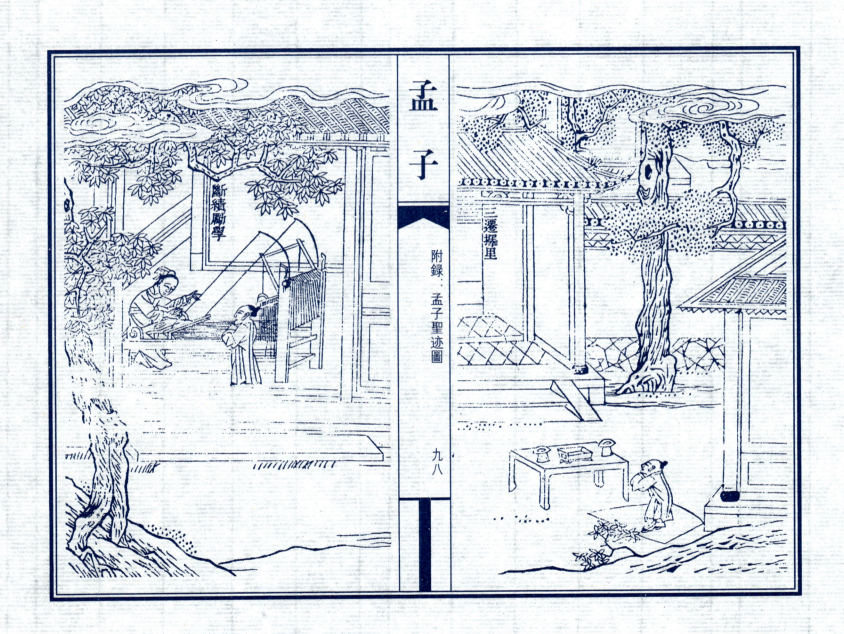

恪諳治道

禮聘適梁

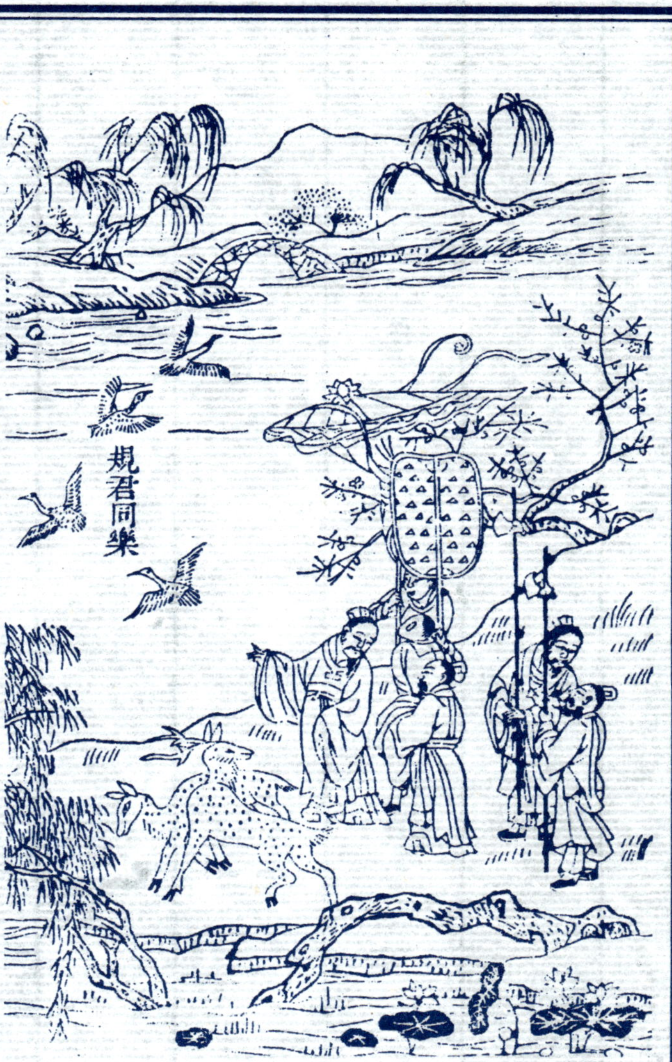
規君同樂

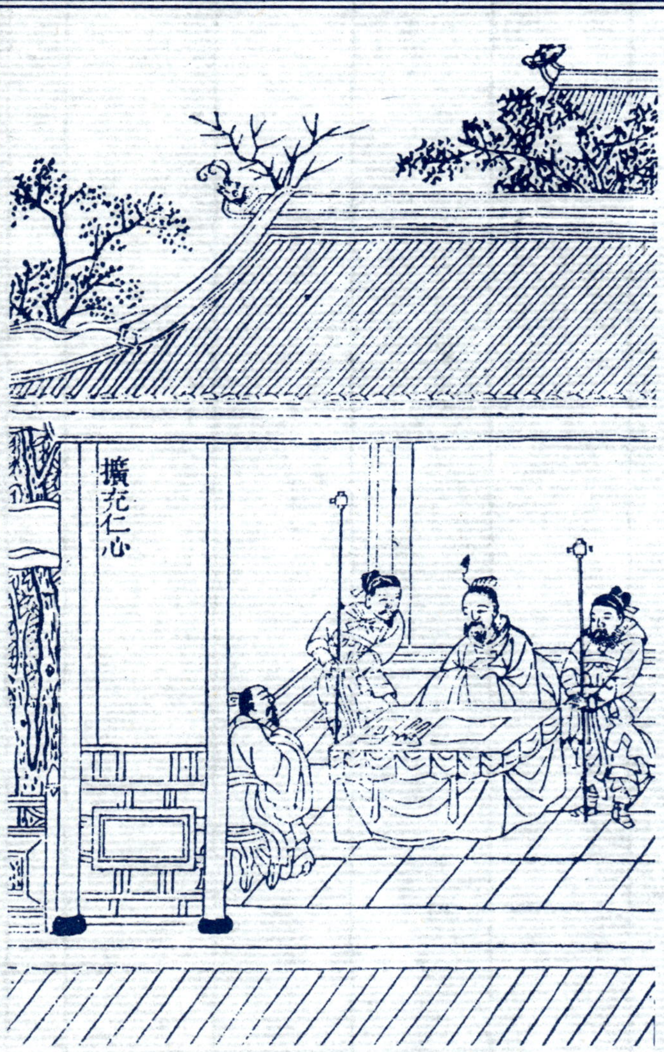
擴充仁心

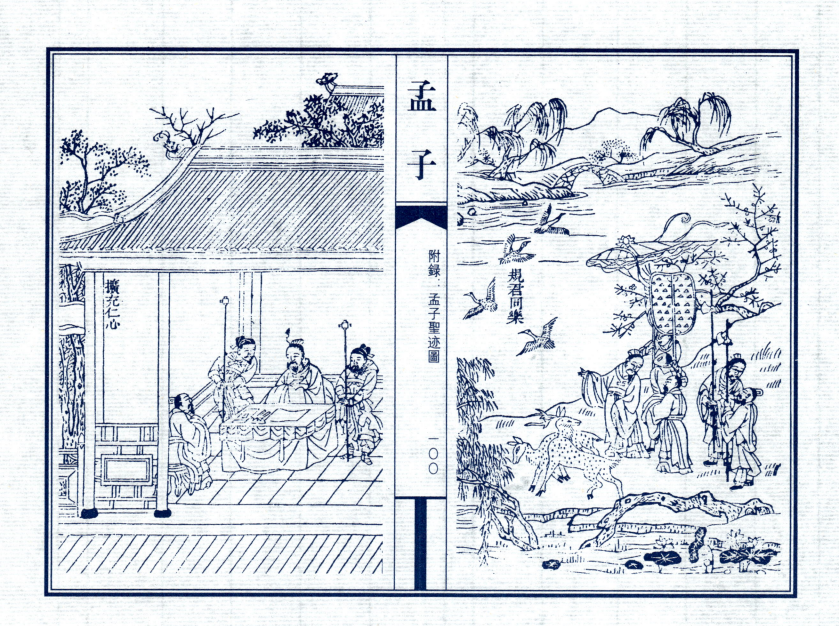

止毁明堂

嬖人沮見

聽天安命

列國尊賢

氣言希聖

簡言待輔

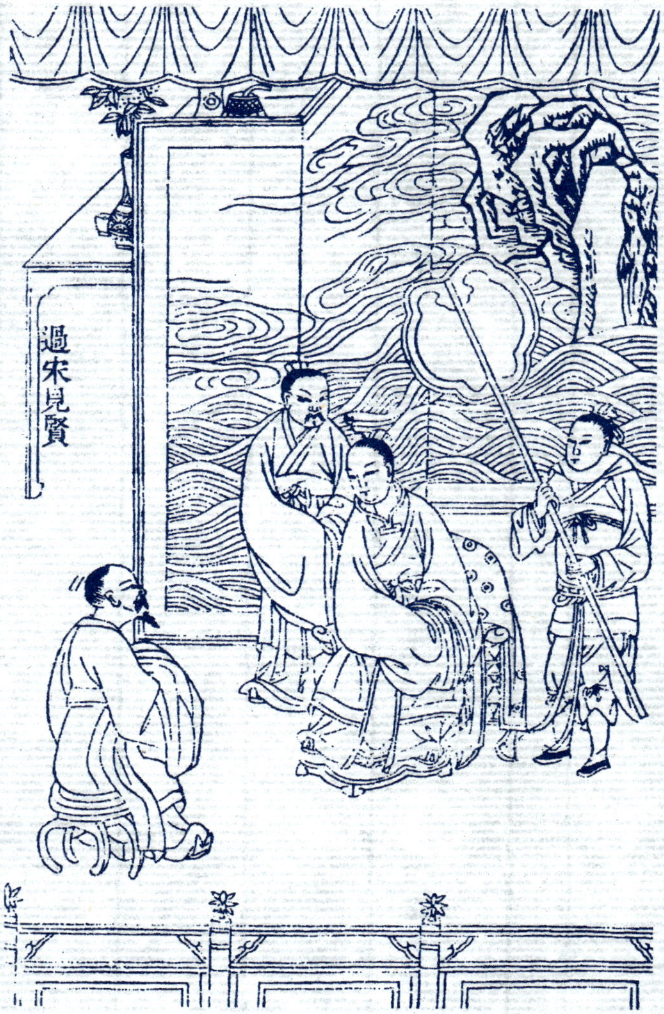
過宋見賢

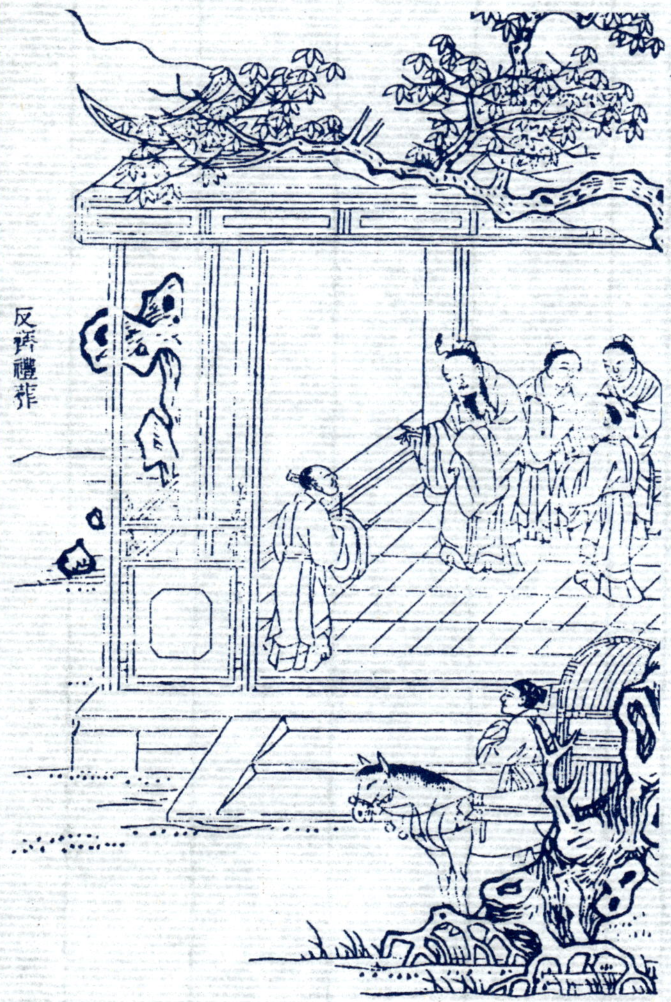
反齊禮葬

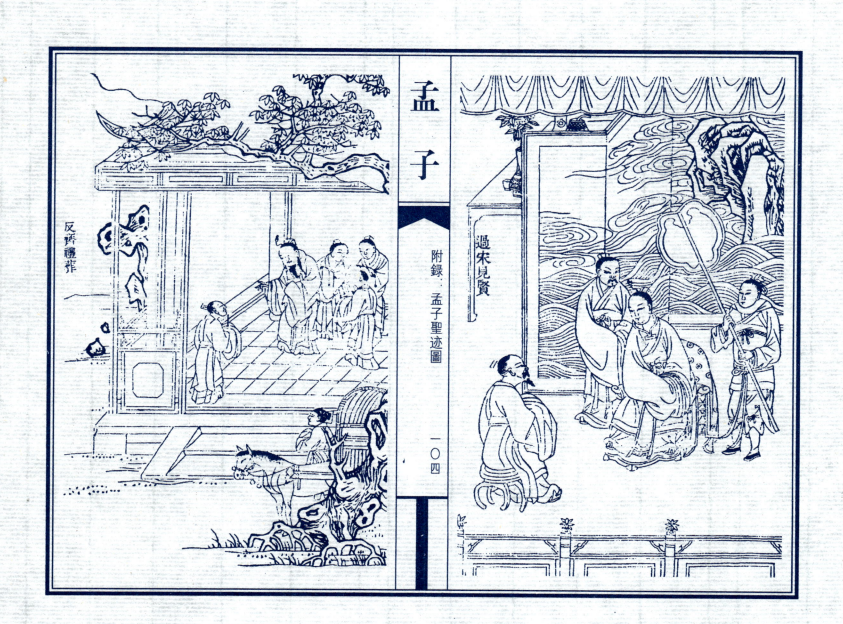

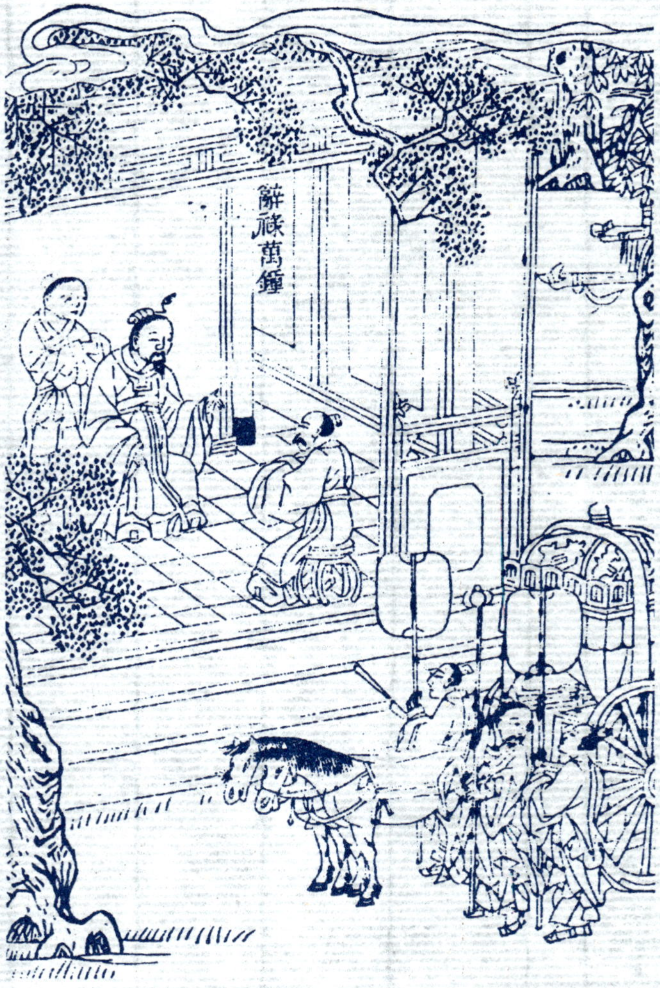
辭禄萬鍾

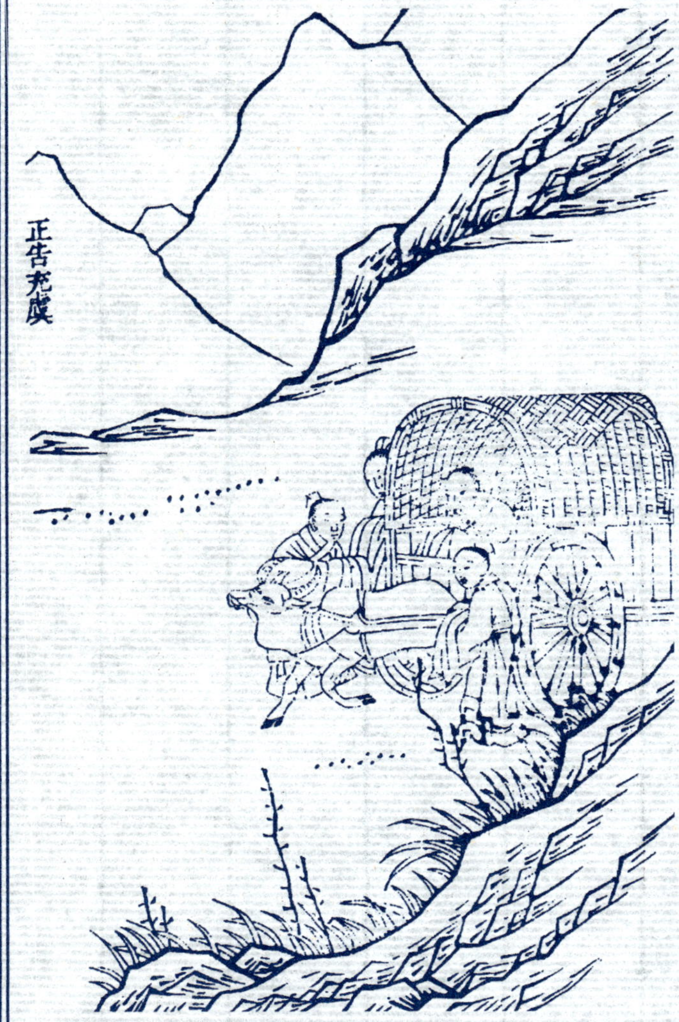
正告充虞

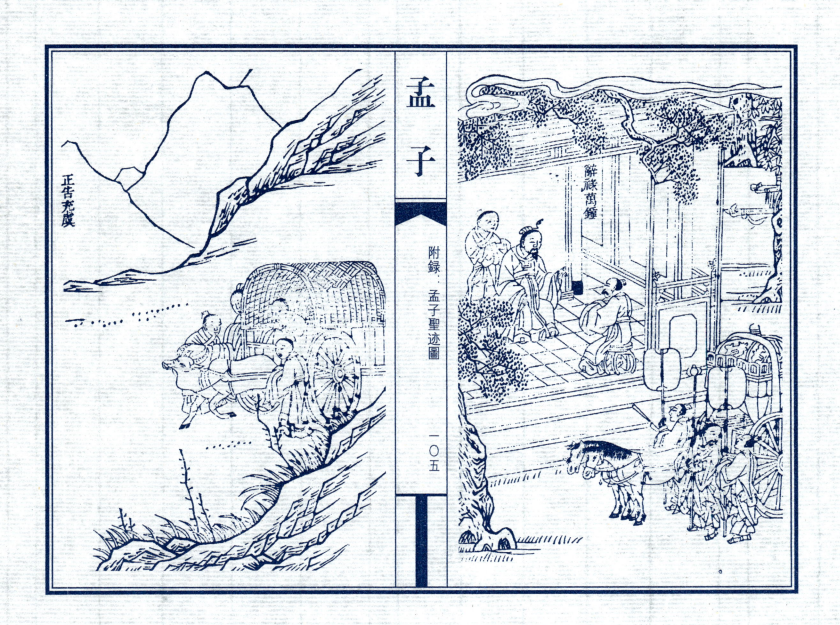

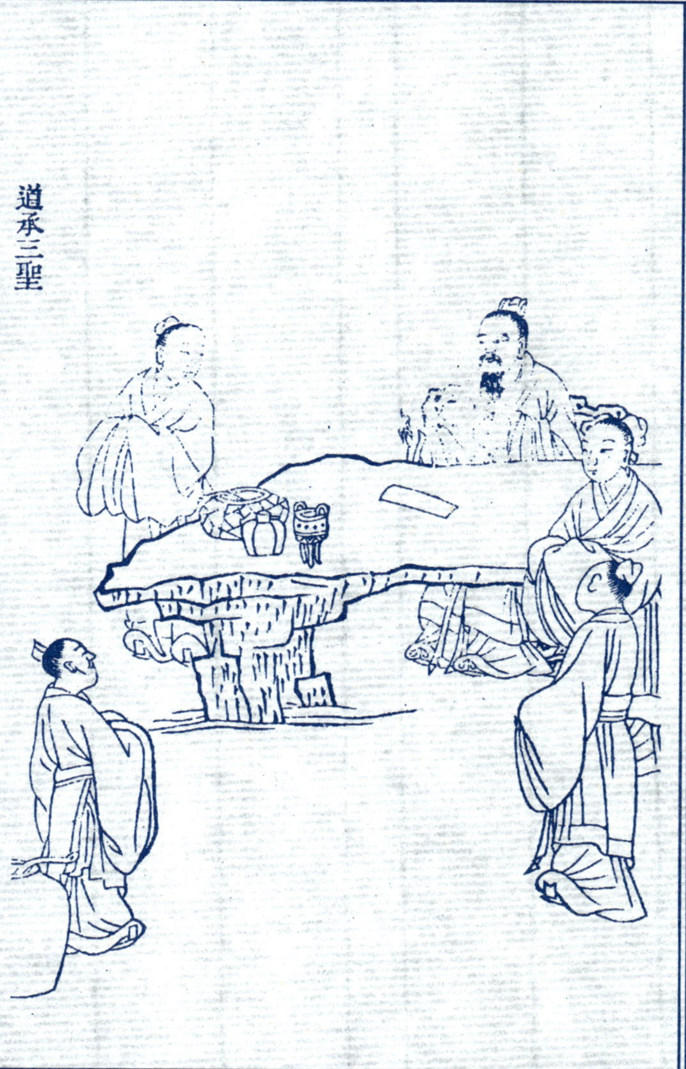
道承三聖

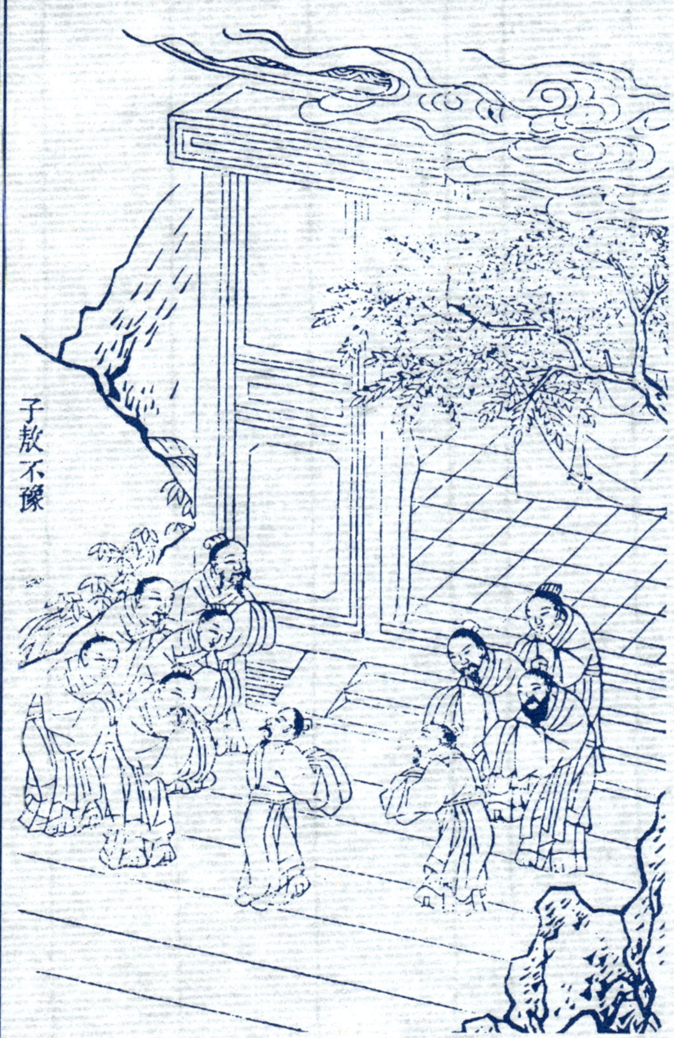
子敖不豫

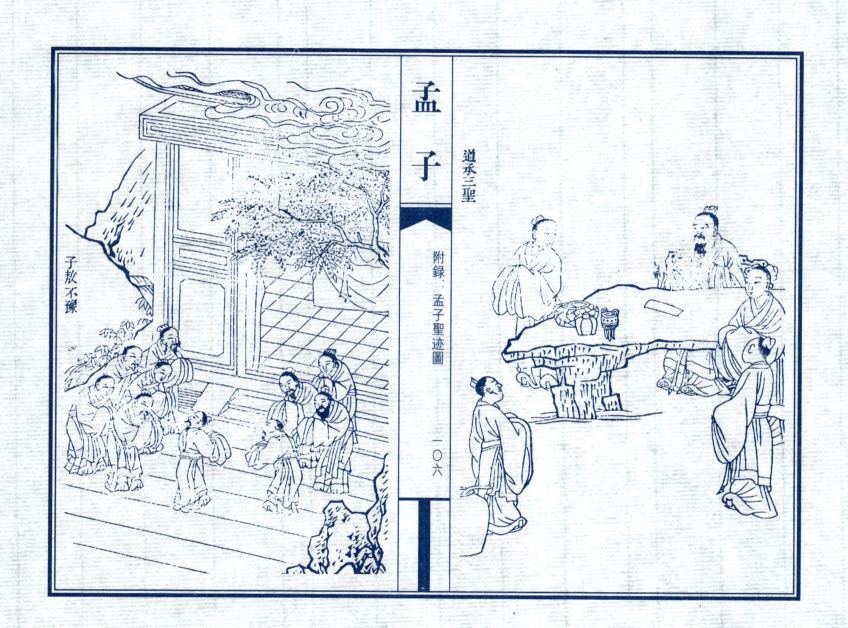

風齊孔阜

道喜得行

文華叢書

《文華叢書》是廣陵書社歷時多年精心打造的一套綫裝小型開本國學經典。選目均爲中國傳統文化之經典著作，如《唐詩三百首》《宋詞三百首》《古文觀止》《四書章句》《六祖壇經》《山海經》《天工開物》《歷代家訓》《納蘭詞》《紅樓夢詩詞聯賦》等，均爲家喻户曉、百讀不厭的名作。裝幀採用中國傳統的宣紙、綫裝形式，古色古香，樸素典雅，富有民族特色和文化品位。精選底本，精心編校，字體秀麗，版式疏朗，價格適中。經典名著與古典裝幀珠聯璧合，相得益彰，贏得了越來越多讀者的喜愛。現附列書目，以便讀者諸君選購。

文華叢書

書目　一

文華叢書書目

- 人間詞話（套色）（二冊）
- 古文觀止（四冊）
- 三字經·百家姓·千字文·弟子規（外二種）（二冊）
- 四書章句（大學、中庸、論語、孟子）（二冊）
- 白居易詩選（二冊）
- 三曹詩選（二冊）
- 老子·莊子（三冊）
- 千家詩（二冊）
- 西厢記（插圖本）（二冊）
- 小窗幽紀（二冊）
- 宋詞三百首（二冊）
- 山海經（插圖本）（三冊）
- 宋詞三百首（套色、插圖本）（二冊）
- 元曲三百首（二冊）
- 李白詩選（簡注）（二冊）
- 六祖壇經（二冊）
- 李清照集·附朱淑真詞（二冊）
- 天工開物（插圖本）（四冊）
- 杜甫詩選（簡注）（二冊）
- 文心雕龍（二冊）
- 杜牧詩選（二冊）
- 片玉詞（二冊）
- 辛弃疾詞（二冊）
- 世説新語（二冊）
- 呻吟語（四冊）

文華叢書

書目　二

東坡志林（二册）
東坡詞（套色、注評）（二册）
花間集（套色、插圖本）（二册）
近思録（二册）
孟子（附孟子聖迹圖）（二册）
金剛經·百喻經（二册）
紅樓夢詩詞聯賦（二册）
柳宗元詩文選（二册）
唐詩三百首（二册）
唐詩三百首（插圖本）（二册）
孫子兵法·孫臏兵法·三十六計（二册）
格言聯璧（二册）
浮生六記（二册）
秦觀詩詞選（二册）
笑林廣記（二册）
納蘭詞（套色、注評）（二册）
陶庵夢憶（二册）
曾國藩家書精選（二册）
絶妙好詞箋（三册）
菜根譚·幽夢影（二册）
菜根譚·幽夢影·圍爐夜話（三册）
閑情偶寄（四册）
傳統蒙學叢書（二册）
傳習録（二册）
搜神記（二册）
楚辭（二册）
經典常談（二册）
詩品·詞品（二册）
詩經（插圖本）（二册）
園冶（二册）

管子（四册）
墨子（三册）
樂章集（插圖本）（二册）
學詩百法（二册）
學詞百法（二册）
戰國策（三册）
歷代家訓（簡注）（二册）
遺山樂府選（二册）
隨園食單（二册）
*王維詩集（二册）
*元曲三百首（插圖本）（二册）
*史記菁華録（三册）
*孝經·禮記（三册）
*李商隱詩選（二册）
*宋詩舉要（三册）
*孟浩然詩集（二册）
*茶經·續茶經（三册）
*珠玉詞·小山詞（二册）
*酒經·酒譜（二册）
*夢溪筆談（三册）
*隨園詩話（四册）
*論語（二册）
*顏氏家訓（二册）
（*爲即將出版書目）

★爲保證購買順利，購買前可與本社發行部聯繫
電話：0514-85228088郵箱：yzglss@163.com